U0925118

“共和国脊梁”科学家绘本丛书

一辈子为中国造卫星的人

孙家栋的故事

任福君 主编

王建蒙 著 吸铁猫 绘

北京出版集团

北京出版社

前言

回首近代的中国，积贫积弱，战火不断，民生凋敝。今天的中国，繁荣昌盛，国泰民安，欣欣向荣。当我们在享受如今的太平盛世时，不应忘记那些曾为祖国奉献了毕生心血的中国科学家。他们对民族复兴的使命担当、对科技创新的执着追求，标刻了民族精神的时代高度，书写了科学精神的永恒意义。他们爱国报国、敬业奉献、无私无畏、追求真理、不怕失败，为祖国科学事业的繁荣昌盛，默默地、无私地奉献着，是当之无愧的共和国脊梁，应被我们铭记。

孩子是祖国的未来，更是新时代的接班人。今天，我们更应为孩子们多树立优秀榜样，中国科学家就是其中之一。向孩子们讲述中国科学家的故事，弘扬其百折不挠、勇于创新的精神，是我们打造“‘共和国脊梁’科学家绘本丛书”的初衷，也是对中国科学家的致敬。

丛书依托于“老科学家学术成长资料采集工程”（以下简称“采集工程”）。这项规模宏大的工程启动于2010年，由中国科协联合中组部、教育部、科技部、工信部、财政部、原文化部、中国科学院、中国工程院等11个单位实施，目前已采集了500多位中国科学家的学术成长资料，积累了一大批实物和研究成果，被誉为“共和国科技史的活档案”。“采集工程”在社会上产生了广泛影响，但成果受众多为中学生及成人。

为了丰富“采集工程”成果的展现形式，并为年龄更小的孩子们提供优质的精神食粮，“采集工程”学术团队与北京出版集团共同策划了本套丛书。丛书由多位中国科学院院士、科学家家属、科学史研究者、绘本研究者等组成顾问委员会、编委会和审稿专家团队，共同为图书质量把关。丛书主要由“采集工程”学术团队的学者担任文字作者，并由新锐青年插画师绘图。2017年9月启动“‘共和国脊梁’科学家绘本丛书”创作工程，精心打磨，倾注了多方人员的大量心血。

丛书通过绘本这种生动有趣的形式，向孩子们展示中国科学家的风采。根据“采集工程”积累的大量资料，如照片、手稿、音视频、研究报告等，我们在尊重科学史实的基础上，用简单易懂的文字、精美的绘画，讲述中国科学家的探索故事。每一本都有其特色，极具原创性。

丛书出版后，获得科学家家属、科学史研究者、绘本研究者等专业人士的高度认可，得到社会各界的高度好评，并获得多个奖项。

丛书选取了不同领域的多位中国科学家。他们是中国科学家的典型代表，对中国现代科学发展贡献巨大，他们的故事应当广泛流传。

“‘共和国脊梁’科学家绘本丛书”的出版对“采集工程”而言，是一次大胆而有益的尝试。如何用更好的方式讲述中国科学家故事、弘扬科学家精神，是我们一直在思考的问题。希望孩子们能从书中汲取些许养分，也希望家长、老师们能多向孩子们讲述科学家故事，传递科学家精神。

“‘共和国脊梁’科学家绘本丛书”编委会

致读者朋友

亲爱的读者朋友，很高兴你能翻开这套讲述中国科学家故事的绘本丛书。这些科学家为中国科学事业的繁荣昌盛做出了巨大贡献，是我们所有人的榜样，更是我们人生的指路明灯。

讲述科学家的故事并不容易，尤其是涉及专业词汇，这会使故事读起来有一些难度。在阅读过程中，我们有以下3点建议希望能为你提供帮助：

1.为了让阅读过程更顺畅，我们对一些比较难懂的词汇进行了说明，可以按照注释序号翻至“词汇园地”查看。如果有些词汇仍然不好理解，小朋友可以向大朋友请教。

2.在正文后附有科学家小传和年谱，以帮助你更好地认识每一位科学家，了解其个人经历与科学贡献，还可以把它们当作线索，进一步查找更多相关资料。

3.每本书的封底附有两个二维码。一个二维码是绘本的音频故事，扫码即可收听有声故事；另一个二维码是中国科学家博物馆的链接。中国科学家博物馆是专门以科学家为主题的博物馆，收藏着大量中国科学家的相关资料，希望这些丰富的资料能拓宽你的视野，让你感受到中国科学家的风采。

一闪一闪亮晶晶，满天都是小星星。

夜幕降临了，天空中的繁星在对着我们眨眼。

你可能不知道，

在星空中，有几百颗“星星”是中国火箭发射上天的人造卫星[①]。

50多年前，中国第一颗人造卫星“东方红一号”发射成功，进入太空。

卫星环绕地球运行，播出清脆的音乐。

孙家栋是这颗卫星的技术总负责人。

他是“共和国勋章[②]”“国家最高科学技术奖[③]”“‘两弹一星[④]’功勋奖章”获得者。

1929年4月8日，在辽宁省盖县的一座老院子里，
一声声有力的婴儿哭声传了出来，孙家栋出生了。
孙家栋从小便喜爱读书，成绩优异，
13岁时，他被哈尔滨第一国民高等学校土木系录取。
他不太爱说话，所有的心思都放在学习上。
他立志，长大后要做一名工程师，建高楼、筑水坝、修大桥。

1948年 9月，哈尔滨工业大学开始招生。
孙家栋听到这个消息后非常高兴，
但一个巨大的困难摆在他面前，
上哈尔滨工业大学必须要过俄语关，
因为那里的老师都用俄语授课！

不服输的孙家栋暗下决心：

俄语难学，我偏要学好，我一定要跨过这道鸿沟！

功夫不负有心人，孙家栋顺利通过哈尔滨工业大学预科的俄语关，成为一名大学生。

1950年元宵节，孙家栋本想午饭后去姐姐家，这时，一位同学告诉他："家栋，今晚加餐有红烧肉。"

在那个食物匮乏的年代，红烧肉是个很大的诱惑。孙家栋决定，吃完晚饭再去姐姐家。

饭堂里，大家品尝着红烧肉，
这时，学校领导走进来宣读通知：
“上级决定，新中国的空军要从你们中选拔飞行员和技术人员，
任务很急，现在就报名，立即审查，获得批准的人今晚就出发！”
此时，孙家栋的脑海中浮现出开国大典的盛况，
仿佛新中国的战机正从他的头顶飞过。
孙家栋在人生抉择的关键时刻非常果断：
“我要驾驶战机驰骋蓝天。”
几小时后，他通过了各项审核，
都来不及跟姐姐告别，便登上了前往空军第四航校[5]的列车。
一顿红烧肉为孙家栋的人生带来一次机遇。

孙家栋一夜间由踌躇满志的学生，成为一名光荣的新中国军人。
他报到后，以优秀的俄语成绩成为苏联航空教官的授课翻译。
他在完成工作的同时，如饥似渴地学习科学技术。

孙家栋说：“没有真才实学，想为新中国画出最美最好的图画就是一句空话。”如果说红烧肉改变了孙家栋的命运，那么好学和勤奋又伴随他迎接新的挑战。

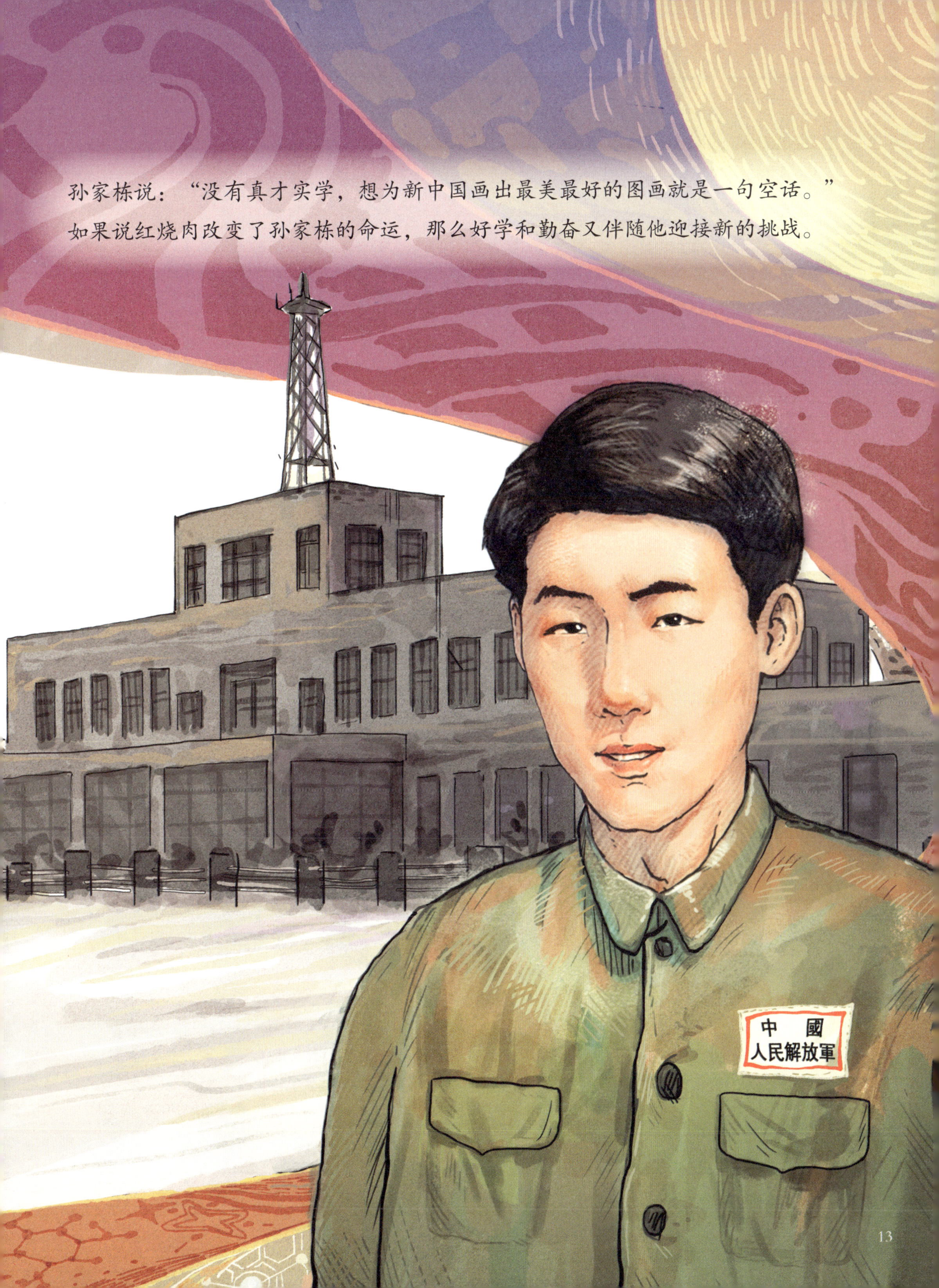

机遇总是青睐有准备的人。

1951年，国家要选拔优秀学生去苏联学习先进科学技术，孙家栋经多轮考核和逐级审批，以优异的工作业绩来到北京参加全军的最终选拔。他不负众望，与其他胜出的人员，共30人，一起去苏联茹科夫斯基空军工程学院[6]留学。

9月，孙家栋穿上空军为他量身定做的新军装，

英俊潇洒地登上前往莫斯科的国际列车。

他的心已经飞到了那座知识殿堂，飞机设计专业在迎接他的到来。

孙家栋留学的学校是军校，这里纪律严格，
中国留学生来到这里首先要过“三关”：学习关、生活关和身体关。
孙家栋很快成为这里的“三好学生”。
学院里有一个激励学生的“明星榜”，每年获全优的学生的照片可以上榜。
如果年年获全优，照片会一年比一年大，并往上升，
如果升到顶，可获得一枚纯金质的“斯大林奖章”。
这枚奖章极为珍贵，毕业时，获得者会享有多项优厚待遇。
毕业前夕，孙家栋荣获“斯大林金质奖章”，
与其他12名学员一起站在领奖台上。

1958年4月，孙家栋谢绝了学校对他的挽留，
毅然踏上归国的列车，他要为建设祖国贡献自己的力量。

孙家栋回到祖国后，

便立刻到国家刚刚组建的导弹研制部门报到，投身祖国的导弹事业。

他是研究飞机的，虽然对导弹一点儿概念都没有，

但他坚信，只要潜心研究、不懈努力，事业必能成功。

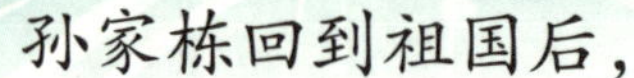

1960年11月，中国第一枚导弹发射成功。

1966年10月，中国自主研制的导弹携带着核弹头⑦发射成功，核弹头精确命中目标。

1967年7月的一天，孙家栋正在审查导弹工程图纸。

一位同志突然来访，他对孙家栋说：

“国家决定造卫星，确定由你担任中国第一颗人造卫星总体技术负责人。我奉上级指示，接你去报到，受领任务。”

17年前，孙家栋当晚决定，立即入伍从军，
现在，他又即刻由造导弹转行造卫星。
孙家栋经常说：“国家需要，我就去做。”

中国第一颗人造卫星的技术要求是：

上得去、抓得住、听得着、看得见[8]。

在完成任务的过程中，孙家栋真切地感受到，实现这12个字“真比登天还难”。

困难并没有令孙家栋退却。

1970年4月24日，中国第一颗人造卫星发射成功，各项指标全部满足要求。

孙家栋眼里涌动着泪花，他的内心无比喜悦。

中国虽然晚于苏联、美国、法国和日本，

成为第五个拥有人造卫星的国家，

但卫星重量却大于这几个国家第一颗人造卫星的总和。

随着国家对航天发展的需要，

孙家栋相继担任返回式遥感卫星、气象卫星、通信卫星总设计师。

在他的率领下，中国的应用卫星相继发射上天，在太空环绕地球，造福人类。

中国成功发射第100颗卫星时，其中有34颗是由孙家栋负责总设计并研制的。

他是名副其实的“中国造星第一人”。

1985年，中国向世界宣告：中国火箭将进入国际市场。
关键时刻，孙家栋毅然挑起了中国航天国际合作谈判的重任。
海外华人、华侨深情地对孙家栋说：
“中国火箭飞得有多高，我们海外华人的头就能抬多高！”

孙家栋说：“我身后有强大的中华人民共和国，有亿万中国人民做后盾。”
1990年4月7日，中国火箭把美国制造的通信卫星成功送入太空预定轨道。

探索太空，始于探月，因为月球是距离地球最近的星球。

2004年，75岁的孙家栋又挑起探月工程总设计师的重担。

他组织制订了“绕”“落”“回”三步走的实施计划。

他常常半夜起来，站在阳台上看月亮；

他常常一周飞三四座城市，解决技术难题；

他一年要穿坏好几双布鞋。他的心都扑在了探月工程上。

2007年10月24日，“嫦娥一号”探月卫星发射成功，准确进入太空预定轨道。

大家高兴得握手、拥抱时，孙家栋却在旁边悄悄抹眼泪，那是喜悦、艰辛与胜利的泪水。

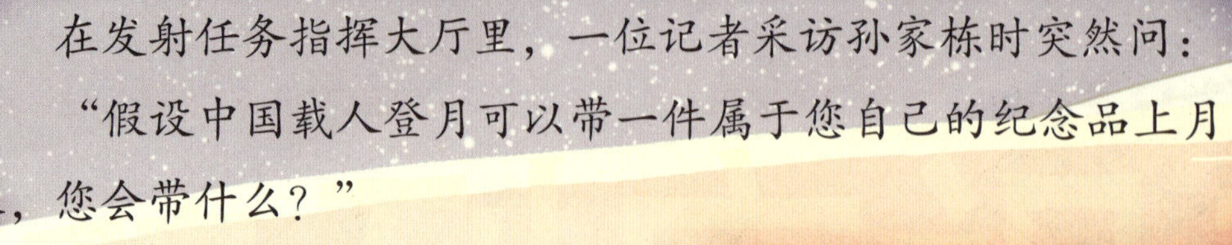

在发射任务指挥大厅里，一位记者采访孙家栋时突然问：“假设中国载人登月可以带一件属于您自己的纪念品上月球，您会带什么？”

记者晃动着头想：他喜欢的那张全家福照片？奖章？卫星设计手稿？

结果完全出乎预料。

孙家栋淡定地说：

“我肯定不会带自己的东西，因为上天的每一克载荷都非常宝贵，我不仅没有想过，也绝对不敢设想。”

贺 信

孙家栋院士：

您是我当年十分欣赏的一位年轻人，听说您今年都80大寿了，我要向您表示衷心地祝贺！

您是在中国航天事业发展历程中成长起来的优秀科学家，也是中国航天事业的见证人。自第一颗人造地球卫星首战告捷起，到绕月探测工程的圆满成功，您几十年来为中国航天的发展作出了突出贡献，共和国不会忘记，人民不会忘记。我为您取得的成就感到骄傲。

希望您今后要保重身体，健康生活，做一名百岁航天老人。

谨祝生日快乐！夫人面前代致问候！

钱学森

二〇〇九年三月三日

2009年，孙家栋80岁生日前夕，
他收到中国著名科学家钱学森的亲笔签名信。
钱学森是孙家栋昔日的老师和老领导，
孙家栋看完信后，一股暖流涌上心头。

孙家栋是第一代和第二代北斗卫星导航系统工程总设计师。

在他的组织领导下，只用了短短5年时间，16颗卫星全部被发射上天，并开通使用。

在此期间，每次发射他都坐镇在西昌卫星发射中心[9]。

有时由于过度劳累，
腰肌劳损发作，令他剧痛难忍、步履艰难；
曾经因大脑供血不足，他头晕目眩，摔倒在机场；
他不止一次中断治疗，拔掉输液针头，赶往发射场。
如今，90多岁的孙家栋为推动祖国航天事业的发展，
仍然像人造卫星一样在飞快运转，从不停歇。

孙家栋小传

孙家栋， 1929年4月出生在辽宁省盖县。他毕业于哈尔滨工业大学和苏联茹科夫斯基空军工程学院。他是中国“‘两弹一星’功勋奖章”、“国家最高科学技术奖”和“共和国勋章”获得者。孙家栋从中国航天起步开始，一辈子追星、逐月、布北斗，他60多年的传奇人生正是中国航天从无到有、从弱到强的缩影。

孙家栋是新中国培养的第一批优秀科技人才中的杰出代表。当祖国要发展导弹事业时，他毅然放弃造飞机去造导弹；当祖国需要发展卫星时，他依然顾全国家大局，一心扑在卫星研制上。

孙家栋参与、开创、领导了中国航天史上多个第一，他的名字与中国航天紧密相连。他主持完成了中国第一颗人造卫星、第一颗返回式遥感卫星和第一颗地球静止轨道试验通信卫星的总体设计。孙家栋领导制订的2020年前中国月球探测工程分“绕”“落”“回”三个阶段的实施方案，经实践验证，方案合理、路线明确、实施到位。2020年12月17日，“嫦娥五号”携带着从月球采回的月壤成功返回地球指定位置，标志着中国第一次地外天体采样返回任务取得圆满成功。作为工程总设计师，他主持研制了第一代、第二代北斗卫星导航系统工程，如今工程全部建成，服务于全球。他担任“东方红三号”通信广播卫星、“风云二号”气象卫星、“中巴地球资源卫星”等我国第二代应用卫星工程的总设计师，主持解决了一系列重大工程技术问题，工程获得圆满成功，在国家经济建设中发挥着巨大作用。他在中国人造卫星技术和深空探测技术研制过程中，攻克技术难关、大胆创新，为我国突破卫星基础技术、卫星返回技术、地球静止轨道卫星轨道和空间运行技术、导航卫星组网技术、卫星工程研制和管理技术等领域，进行了长期不懈的努力，起到创造性的开拓作用。

在中国航天迈入国际航天市场的关键时刻，任航天工业部副部长的孙家栋受命出任“中美商业卫星发射谈判代表团”团长，他毅然做好航天“生意人”的重要角色，率领谈判小组打赢了中美谈判这场硬仗，使中国进入国际航天市场的计划得以深入进行。孙家栋曾深情地说：“航天国际合作的谈判，实质上是两国综合国力的较量，国家的实力增强了，与对方谈判的分量自然就加重了。我深信，我们背后有强大的祖国在支持，我们代表的是国家和人民的利益，我们背后有13亿中国人民在给中国航天做后盾，这场战役必胜无疑。”

孙家栋是目前仍然活跃在中国航天征程中最年长的开拓者、见证者和践行者。孙家栋有一句朴实而坚定的话，那就是“祖国需要，我就去做”。他始终认为自己“仅仅是航天人中很平常的一个”。他内心认为“是中国航天精神铸造了中国第一星”，“是中国航天事业发展成就了我自己”，令自己获得了诸多荣誉。

民族需要脊梁，人生需要信仰。《人民日报》曾经评论：“孙家栋是国家的栋梁、民族的脊梁，爱国奉献的崇高信仰，始终是他人生的坚固基石。当每个人追寻人生意义，当民族复兴需要脊梁挺起，树立爱国奉献的理念是一切的开始。”“伟大出自平凡，平凡造就伟大。”只要有坚定的理想信念、不懈的奋斗精神，脚踏实地把每件平凡的事做好，一切平凡的人都可以获得不平凡的人生，一切平凡的工作都可以创造不平凡的成就。这就是孙家栋航天历程送给我们的最珍贵的启示。

孙家栋年谱

1

1929 年

4月8日，出生于辽宁省盖县。

2

1942 年（13 岁）

考入哈尔滨第一国民高等学校土木系。

3

1948—1950 年（19 ~ 21 岁）

考入哈尔滨工业大学预科学习俄语，后转入汽车系。新中国组建空军后急需俄语翻译被选拔入伍。

4

1951 年（22 岁）

与另外被录取的 29 人前往苏联茹科夫斯基空军工程学院飞机设计专业学习。

5

1958 年（29 岁）

获得最高苏维埃颁发的“斯大林金质奖章”。毕业回国后，从事导弹研制。

6

1960 年（31 岁）

被任命为导弹总体设计部型号总体主任设计师。

7

1967 年（38 岁）

调任中国第一颗人造卫星总体技术总负责人，开始“东方红一号”卫星研制。

8

1970 年（41 岁）

4月24日，我国第一颗人造卫星“东方红一号”发射成功。

9

1975 年（46 岁）

担任中国第一颗返回式遥感卫星总体设计师，发射获圆满成功。

10

1977 年（48 岁）

担任中国第一颗地球静止轨道试验通信卫星总设计师。

11

1978 年（49 岁）

在全国第一次科学大会上，代表卫星研制单位做题为《关于人造卫星的成就及展望》的大会发言。

12

1980 年（51 岁）

担任第七机械工业部总工程师。

13

1982 年（53 岁）

任航天工业部科技委副主任、总工程师。

14

1985 年（56 岁）

任航天工业部副部长。

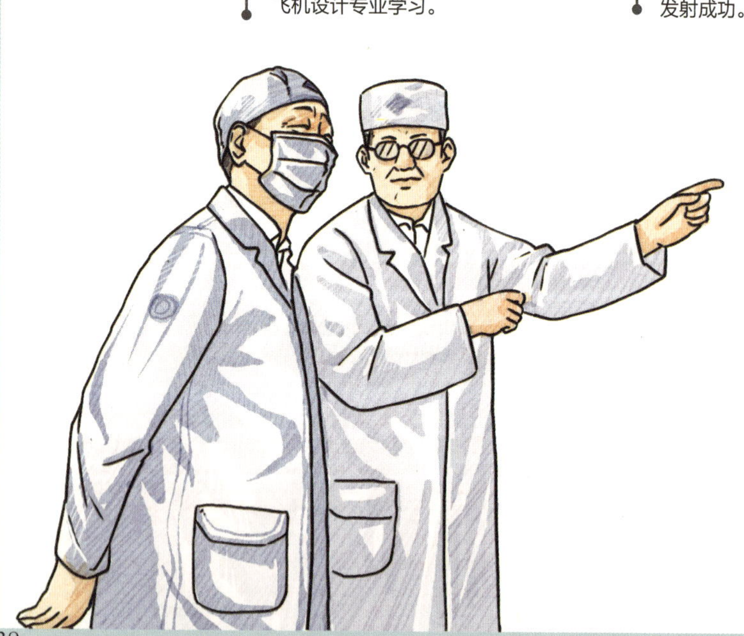

15

1986 年（57 岁）

担任“风云二号”气象卫星、“东方红三号”通信广播卫星以及中国与巴西合作的第一颗地球资源卫星等中国第二代应用卫星工程的总设计师。

16

1989 年（60 岁）

担任中国火箭进入国际市场谈判代表团团长，率团参加中美两国政府间的国际商业发射服务协议谈判。

17

1991 年（62 岁）

当选为中国科学院院士。

18

1994 年（65 岁）

担任北斗导航试验卫星工程总设计师。

19

1999 年（70 岁）

荣获“‘两弹一星’功勋奖章”。

20

2004 年（75 岁）

担任绕月探测工程总设计师。

21

2009 年（80 岁）

作为“‘两弹一星’功勋奖章”获得者受中共中央的邀请与党和国家领导人一起登上天安门城楼参加中华人民共和国成立60周年国庆阅兵观礼及联欢晚会活动。

22

2010 年（81 岁）

荣获2009年度“国家最高科学技术奖”。

23

2011 年（82 岁）

获得全国优秀共产党员称号。

24

2012 年（83 岁）

“孙家栋星”命名仪式在北京举行。

25

2018 年（89 岁）

获“风云气象卫星事业终身成就奖”。12月18日，中共中央、国务院授予孙家栋“改革先锋”称号并颁授“改革先锋”奖章。

26

2019 年（90 岁）

荣获“共和国勋章”。

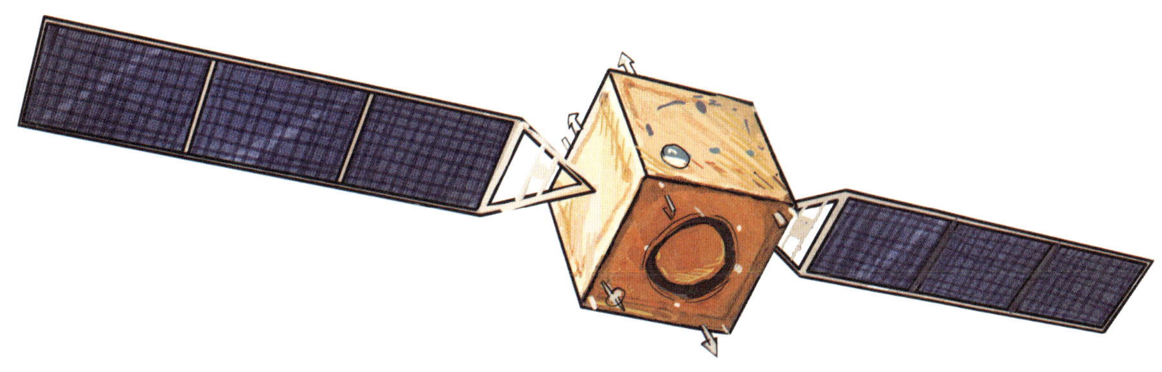

词汇园地

①**人造卫星：**由运载火箭发射到太空轨道，环绕宇宙空间行星运转的无人航天器。按用途分为三类：科学卫星、技术试验卫星和应用卫星。

②**共和国勋章：**中华人民共和国最高荣誉勋章。授予在中国特色社会主义建设和保卫国家中做出巨大贡献、建立卓越功勋的杰出人士。

③**国家最高科学技术奖：**2000年正式设立，国家科学技术奖中最高等级的奖项。授予在当代科学技术前沿取得重大突破或者在科学技术发展中有卓越建树，在科学技术创新、科学技术成果转化和高技术产业化中创造巨大经济效益或者社会效益的科学技术工作者。每年评选一次，每次授予不超过两名，由国家主席亲自签署并颁发荣誉证书、奖章和800万元（2018年度前为500万元）奖金。

④**两弹一星：**最初是指原子弹、导弹和人造卫星。"两弹"中的一弹是原子弹，后来演变为原子弹和氢弹的合称；另一弹是导弹。"一星"则是人造卫星。"两弹一星"是对中国依靠自力更生、攻克难关掌握的核技术和空间技术的统称。

⑤**空军第四航校：**中国人民解放军第四航空学校组建于1949年12月1日，当时校址在沈阳北陵机场。1950年5月11日首批14名速成班学员毕业后即开赴抗美援朝战场，多名学员成为战斗英雄，他们打破了美国空军不可战胜的神话，在中国空军战史上写下光辉的一页。

⑥**茹科夫斯基空军工程学院：**成立于1922年9月，为苏联培养空军各种专业工程师的高等军事学校。苏联英雄、人类第一个飞出地球的航天员尤里·加加林曾毕业于该校。

⑦**核弹头：**装有核战斗部的导弹弹头。在导弹飞行过程中与弹体分离并再入大气层的主要核战斗部和弹头壳体等组成的杀伤武器。

⑧**上得去、抓得住、听得着、看得见：**火箭载着卫星飞行速度突破地球引力才能上得去；地面系统能够对太空中卫星的位置时刻掌握才能抓得住；地面能够收听到卫星在太空播放的《东方红》乐曲为听得着；茫茫太空中的卫星非常微小，却要在地面用肉眼看得见。

⑨**西昌卫星发射中心：**组建于1970年，是我国三大航天发射中心之一，拥有西昌、文昌两个航天发射场。西昌发射场于1982年建成交付使用，位于四川省凉山彝族自治州冕宁县。1984年1月首次使用。

图书在版编目（CIP）数据

一辈子为中国造卫星的人 ：孙家栋的故事 / 任福君主编 ；王建蒙著 ；吸铁猫绘. — 北京 ：北京出版社，2023.3（2025.4 重印）
（“共和国脊梁”科学家绘本丛书）
ISBN 978-7-200-17282-9

Ⅰ. ①一… Ⅱ. ①任… ②王… ③吸… Ⅲ. ①孙家栋—传记—少儿读物 Ⅳ. ①K826.16-49

中国版本图书馆CIP数据核字(2022)第121857号

选题策划　李清霞　袁　海
项目负责　刘　迁
责任编辑　王冠中
装帧设计　张　薇　耿　雯
责任印制　刘文豪
封面设计　黄明科
宣传营销　郑　龙　王　岩　安天训　孙一博
　　　　　郭　慧　马婷婷　胡　俊

“共和国脊梁”科学家绘本丛书
一辈子为中国造卫星的人
孙家栋的故事
YIBEIZI WEI ZHONGGUO ZAO WEIXING DE REN

任福君　主编
王建蒙　著　吸铁猫　绘

出　　版：北京出版集团
　　　　　北 京 出 版 社
地　　址：北京北三环中路6号
邮　　编：100120
网　　址：www.bph.com.cn
总 发 行：北京出版集团
经　　销：新华书店
印　　刷：北京博海升彩色印刷有限公司
版 印 次：2023年3月第1版　2025年4月第6次印刷
成品尺寸：215毫米×280毫米
印　　张：2.75
字　　数：30千字
书　　号：ISBN 978-7-200-17282-9
定　　价：25.00元

如有印装质量问题，由本社负责调换
质量监督电话：010-58572393
责任编辑电话：010-58572282
团 购 热 线：17701385675
　　　　　　　18610320208

声明：为了较为真实地展现科学家生活的时代特征，部分页面有繁体字，特此说明。